Impressum
Verlag: BABADADA GmbH, Nedderfeld 112 , 22529 Hamburg
Geschäftsführer / Verlagsleitung: Harald Hof
Druck: Books on Demand GmbH, In de Tarpen 42, 22848 Norderstedt

Imprint
Publisher: BABADADA GmbH, Nedderfeld 112 , 22529 Hamburg, Germany
Managing Director / Publishing direction: Harald Hof
Print: Books on Demand GmbH, In de Tarpen 42, 22848 Norderstedt

1

school

Szkoła

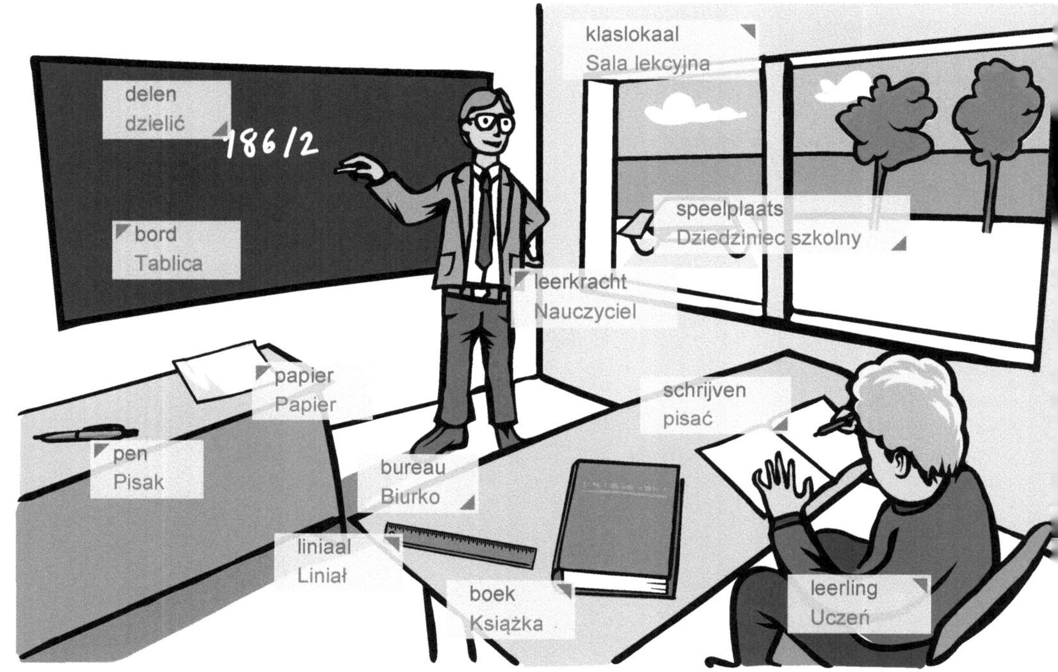

klaslokaal
Sala lekcyjna
delen
dzielić
186/2
bord
Tablica
speelplaats
Dziedziniec szkolny
leerkracht
Nauczyciel
papier
Papier
schrijven
pisać
pen
Pisak
bureau
Biurko
liniaal
Liniał
boek
Książka
leerling
Uczeń

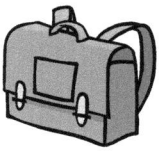

schooltas

Plecak szkolny

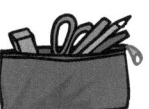

pennenzak

Piórnik

potlood

Ołówek

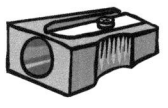

puntenslijper

Temperówka

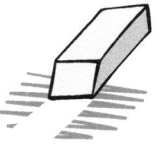

gom

Gumka do mazania

tekenblok

Blok rysunkowy

tekening

Rysunek

verfborstel

Pędzel

verfdoos

Pudełko z akwarelami

schaar

Nożyce

lijm

Klej

werkboek

Książka do ćwiczenia

huiswerk

Zadanie domowe

nummer

Liczba

optellen

dodawać

aftrekken

odejmować

vermenigvuldigen

mnożyć

rekenen

liczyć

letter

Litera

alfabet

Alfabet

woord

Słowo

tekst

Tekst

Lezen

czytać

krijt

Kreda

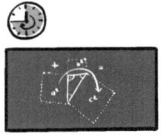

les

Godzina

klassenboek

Dziennik lekcyjny

examen

Egzamin

certificaat

Świadectwo

schooluniform

Mundurek szkolny

onderwijs

Wykształcenie

encyclopedie

Leksykon

universiteit

Uniwersytet

microscoop

Mikroskop

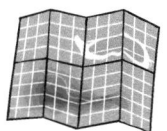

kaart

Mapa

papiermand

Kosz na odpadki

reis
Podróż

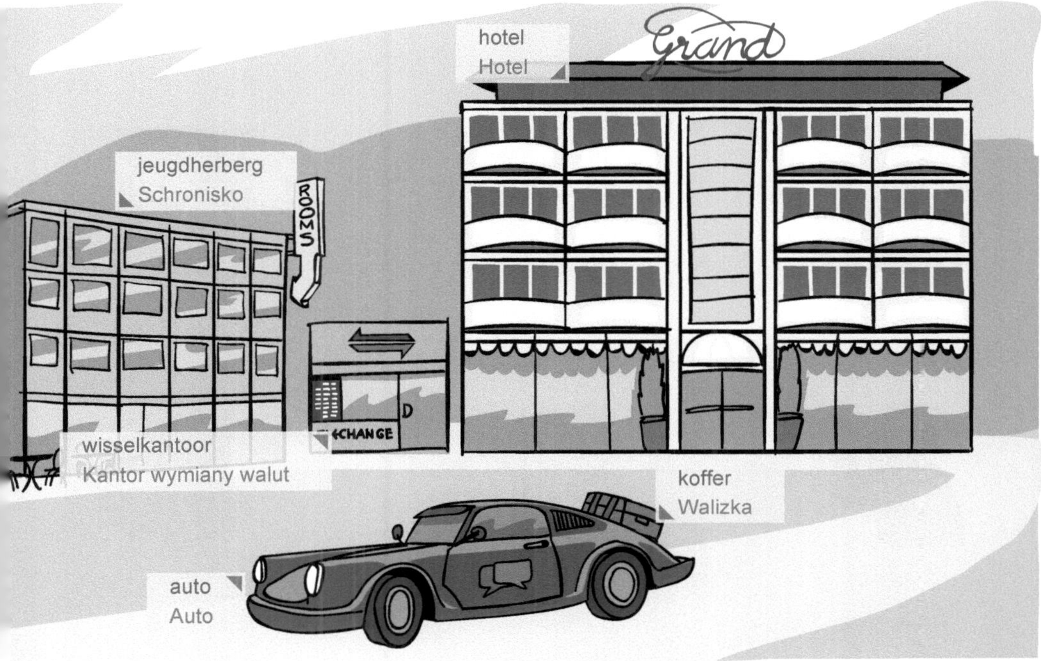
hotel
Hotel
Grand
jeugdherberg
Schronisko
ROOMS
wisselkantoor
Kantor wymiany walut
EXCHANGE
koffer
Walizka
auto
Auto

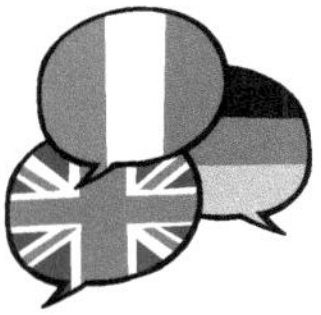

Taal

Język

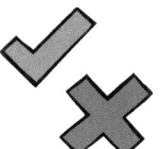

ja / nee

tak / nie

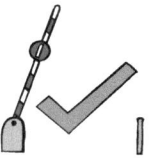

oké

OK

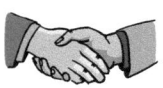

hallo

Halo

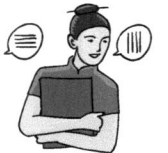

vertaler

Tłumacz

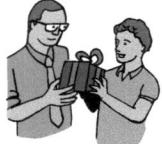

bedankt

Dziękuję

Hoeveel kost …?

Ile kosztuje …?

Ik begrijp het niet

Nie rozumiem

probleem

Problem

Goedenavond!

Dobry wieczór!

Goedemorgen!

Dzień dobry!

Goedenavond!

Dobranoc!

Tot ziens

Do widzenia

richting

Kierunek

bagage

Bagaż

zak

Torba

rugzak

Plecak

gast

Gość

kamer

Pokój

slaapzak

Śpiwór

tent

Namiot

toeristeninformatie

Informacja turystyczna

strand

Plaża

kredietkaart

Karta kredytowa

ontbijt

Śniadanie

lunch

Obiad

avondeten

Kolacja

ticket

Bilet

lift

Winda

postzegel

Znaczek na list

grens

Granica

douane

Cło

ambassade

Ambasada

visum

Wiza

paspoort

Paszport

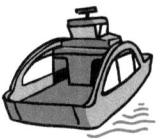

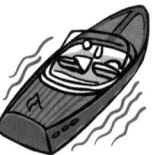

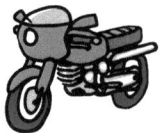

transport
Transport

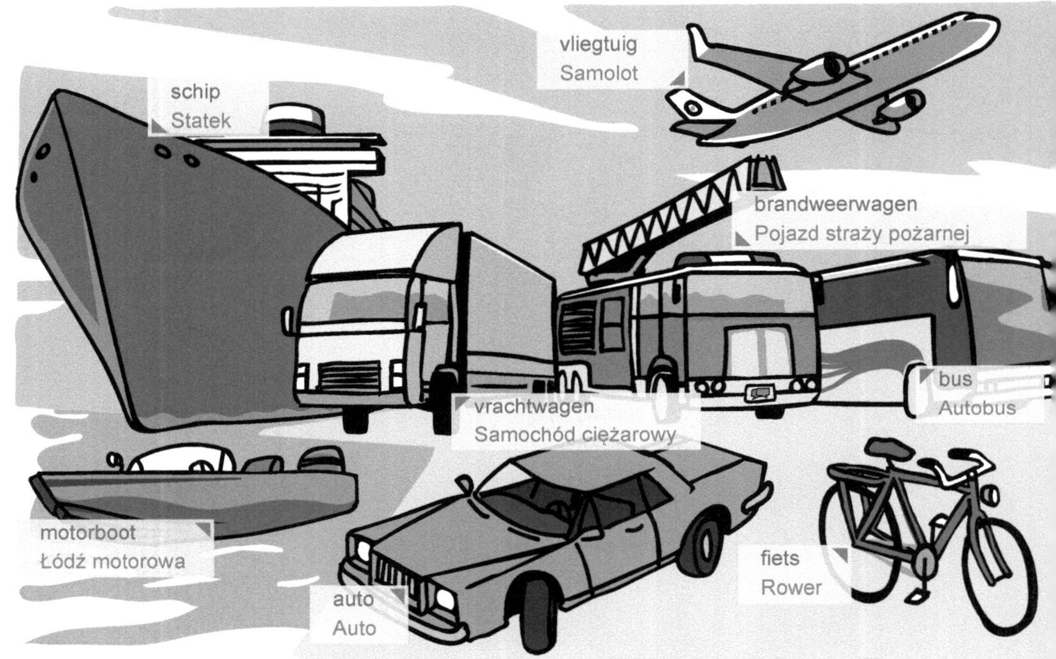

vliegtuig
Samolot
schip
Statek
brandweerwagen
Pojazd straży pożarnej
bus
Autobus
vrachtwagen
Samochód ciężarowy
motorboot
Łódź motorowa
fiets
Rower
auto
Auto

veerboot

Prom

boot

Łódź

motor

Motocykl

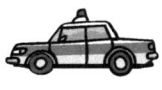

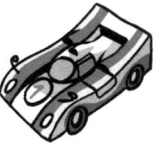

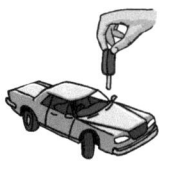

politiewagen

Radiowóz policyjny

racewagen

Samochód wyścigowy

huurauto

Samochód wypożyczony

carpoolen

Wspólne przejazdy samochodem

sleepwagen

Samochód pomocy drogowej

vuilniswagen

Śmieciarka

motor

Silnik

benzine

Benzyna

benzinestation

Stacja benzynowa

verkeersbord

Znak drogowy

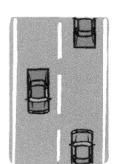

verkeer

Ruch

file

Korek

parkeerplaats

Parking

station

Dworzec

sporen

Szyny

trein

Pociąg

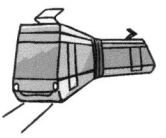

tram

Tramwaj

wagon

Wagon

helikopter

Helikopter

luchthaven

Lotnisko

toren

Wieża

passagier

Pasażer

container

Kontener

karton

Karton

kar

Taczka

mand

Kosz

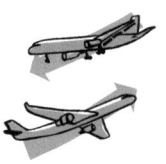

opstijgen / landen

startować / lądować

stad

Miasto

dorp

Wieś

stadscentrum

Centrum miasta

huis

Dom

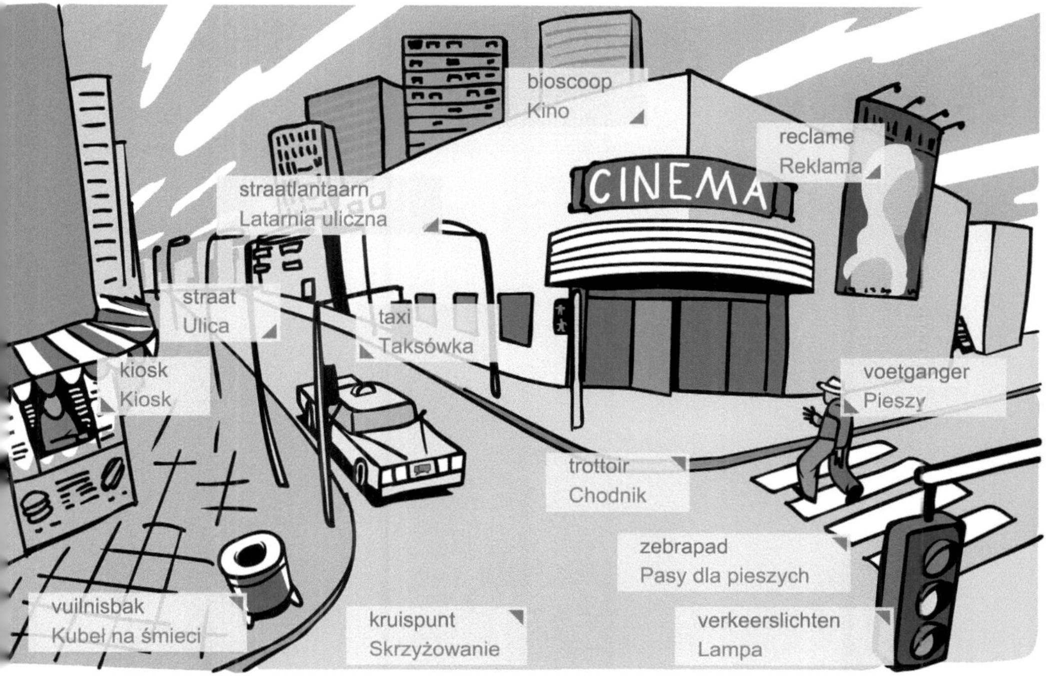

bioscoop
Kino

reclame
Reklama

straatlantaarn
Latarnia uliczna

CINEMA

straat
Ulica

taxi
Taksówka

voetganger
Pieszy

kiosk
Kiosk

trottoir
Chodnik

zebrapad
Pasy dla pieszych

vuilnisbak
Kubeł na śmieci

kruispunt
Skrzyżowanie

verkeerslichten
Lampa

hut

Chata

woning

Mieszkanie

station

Dworzec

stadshuis

Ratusz

museum

Muzeum

school

Szkoła

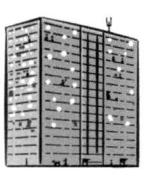

universiteit

Uniwersytet

bank

Bank

ziekenhuis

Szpital

hotel

Hotel

apotheek

Apteka

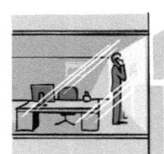

kantoor

Biuro

boekwinkel

Księgarnia

winkel

Sklep

bloemenwinkel

Kwiaciarnia

supermarkt

Supermarket

markt

Rynek

warenhuis

Dom towarowy

vishandelaar

Sklep z rybami

winkelcentrum

Centrum handlowe

haven

Port

park

Park

bank

Ławka

brug

Most

trap

Schody

metro

Metro

tunnel

Tunel

bushalte

Przystanek autobusowy

bar

Bar

restaurant

Restauracja

brievenbus

Skrzynka na listy

straatnaambord

Tabliczka z nazwą ulicy

parkeermeter

Parkometr

zoo

Zoo

zwembad

Łaźnia

moskee

Meczet

boerderij

Gospodarstwo chłopskie

milieuverontreiniging

Zanieczyszczenie środowiska

kerkhof

Cmentarz

kerk

Kościół

speelplaats

Plac zabaw

tempel

Świątynia

landschap
Krajobraz

blad
Liść

wegwijzer
Drogowskaz

weg
Droga

weide
Łąka

steen
Kamień

boom
Drzewo

wandelaar
Wędrowiec

rivier
Rzeka

gras
Trawa

bloem
Kwiat

vallei

Dolina

heuvel

Góra

meer

Jezioro

bos

Las

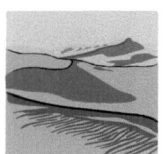

woestijn

Pustynia

vulkaan

Wulkan

kasteel

Zamek

regenboog

Tęcza

paddenstoel

Grzyb

palmboom

Palma

mug

Komar

vlieg

Mucha

mier

Mrówka

bijl

Pszczoła

spin

Pająk

landschap - Krajobraz

15

kever

Chrząszcz

kikker

Żaba

eekhoorn

Wiewiórka

egel

Jeż

haas

Zając

uil

Sowa

vogel

Ptak

zwaan

Łabędź

wild zwijn

Dzik

hert

Jeleń

eland

Łoś

dam

Tama

windturbine

Wiatrak

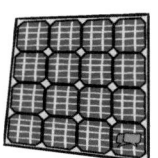

zonnepaneel

Moduł solarny

klimaat

Klimat

restaurant
Restauracja

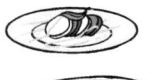

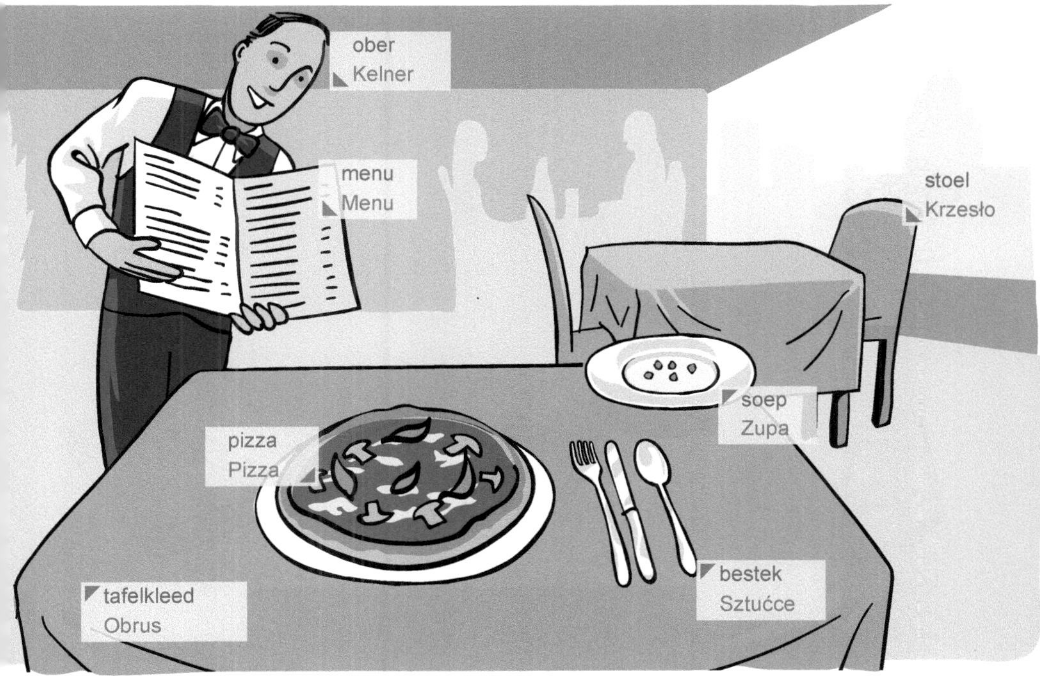
ober
Kelner
menu
Menu
stoel
Krzesło
soep
Zupa
pizza
Pizza
bestek
Sztućce
tafelkleed
Obrus

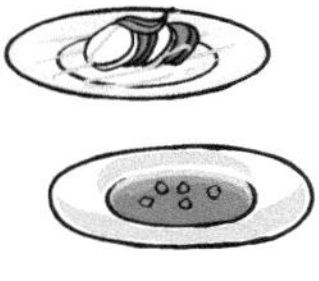

voorgerecht

Przystawka

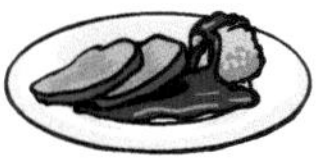

hoofdgerecht

Danie główne

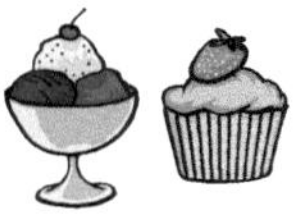

nagerecht

Deser

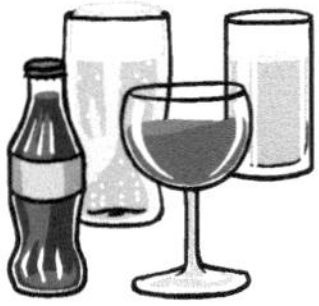

drankjes

Napoje

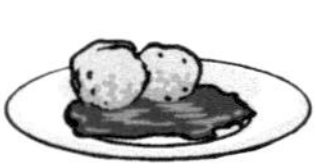

eten

Jedzenie

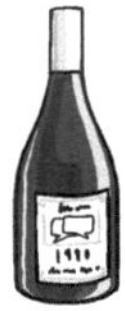

fles

Butelka

fastfood

Fastfood

street food

Streetfood

theepot

Dzbanek na herbatę

suikerpot

Cukierniczka

portie

Porcja

espressomachine

Zaparzarka do espresso

kinderstoel

Krzesło dla dziecka

rekening

Rachunek

dienblad

Taca

mes

Nóż

vork

Widelec

lepel

Łyżka

theelepel

Łyżeczka

serviette

Serwetka

glas

Szklanka

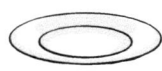

bord

Talerz

soepbord

Talerz do zupy

schoteltje

Podstawek pod filiżankę

saus

Sos

zoutvatje

Solniczka

pepermolen

Młynek do pieprzu

azijn

Ocet

olie

Olej

kruiden

Przyprawy

ketchup

Keczup

mosterd

Musztarda

mayonaise

Majonez

supermarkt
Supermarket

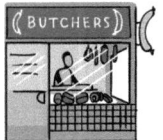

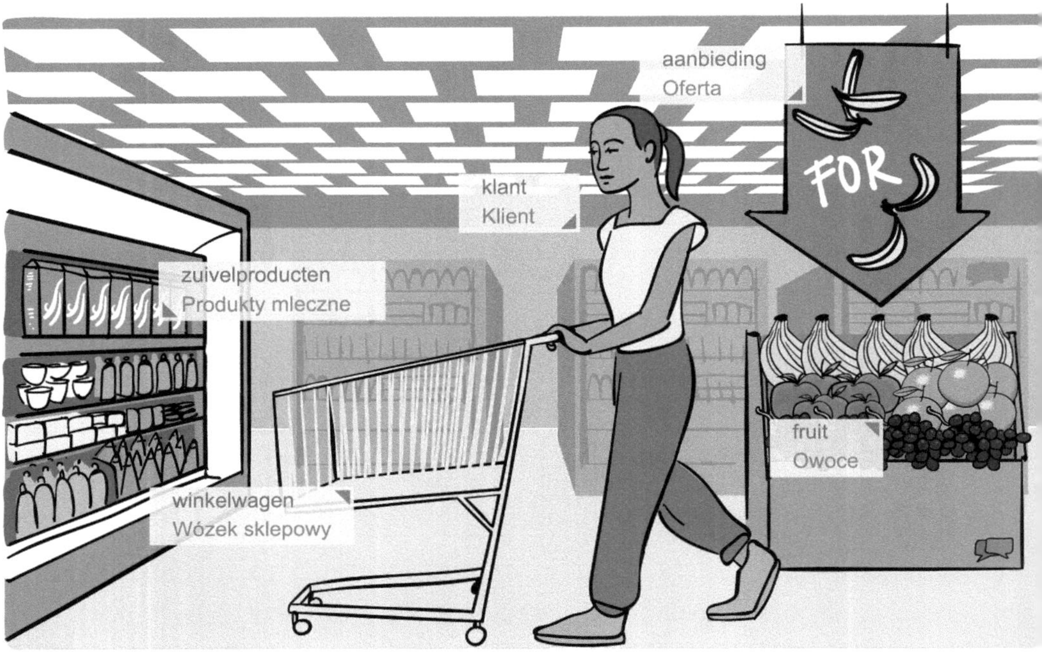
aanbieding
Oferta
FOR
klant
Klient
zuivelproducten
Produkty mleczne
fruit
Owoce
winkelwagen
Wózek sklepowy

BUTCHERS

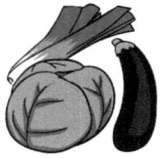

slagerij

Rzeźnia

BAKERY

bakkerij

Piekarnia

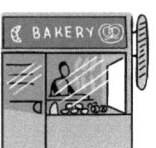

wegen

ważyć

groenten

Warzywa

vlees

Mięso

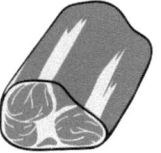

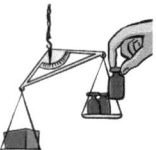

diepvriesvoedsel

Mrożonki

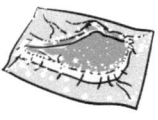

charcuterie

Wędliny

conserven

Konserwy

waspoeder

Proszek m do prania

snoep

Słodycze

huishoudproducten

Artykuły użytku domowego

schoonmaakproducten

Środek czyszczący

verkoopster

Sprzedawczyni

kassa

Kasa

kassier

Kasjer

boodschappenlijstje

Lista zakupów

openingstijden

Godziny otwarcia

portefeuille

Portfel

kredietkaart

Karta kredytowa

tas

Torba

plastieken zakje

Torebka plastikowa

water

Woda

sap

Sok

melk

Mleko

cola

Cola

wijn

Wino

bier

Piwo

alcohol

Alkohol

cacao

Kakao

thee

Herbata

koffie

Kawa

espresso

Espresso

cappuccino

Cappuccino

banaan

Banan

appel

Jabłko

sinaasappel

Pomarańcza

meloen

Arbuz

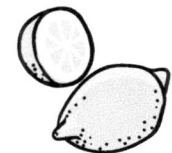

citroen

Cytryna

wortel

Marchew

knoflook

Czosnek

bamboe

Bambus

ajuin

Cebula

champignon

Grzyb

noten

Orzechy

noodles

Makaron

spaghetti

Spaghetti

rijst

Ryż

salade

Sałatka

frieten

Frytki

gebakken aardappelen

Ziemniaki pieczone

pizza

Pizza

hamburger

Hamburger

sandwich

Kanapka

kalfslapje

Sznycel

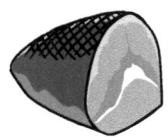

ham

Szynka

salami

Salami

worst

Kiełbasa

kip

Kura

braden

Pieczeń

vis

Ryba

havervlokken

Płatki owsiane

muesli

Musli

cornflakes

Płatki kukurydziane

bloem

Mąka

croissant

Croissant

pistolet

Bułka

brood

Chleb

toast

Toast

koekjes

Ciastka

boter

Masło

kwark

Twarożek

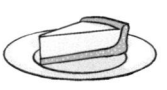

taart

Ciasto

ei

Jajko

spiegelei

Jajko sadzone

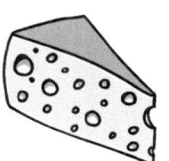

kaas

Ser

ijs

Lody

suiker

Cukier

honing

Miód

confituur

Marmolada

choco

Krem nugatowy

curry

Curry

boerderij
Gospodarstwo chłopskie

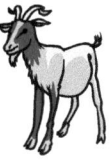

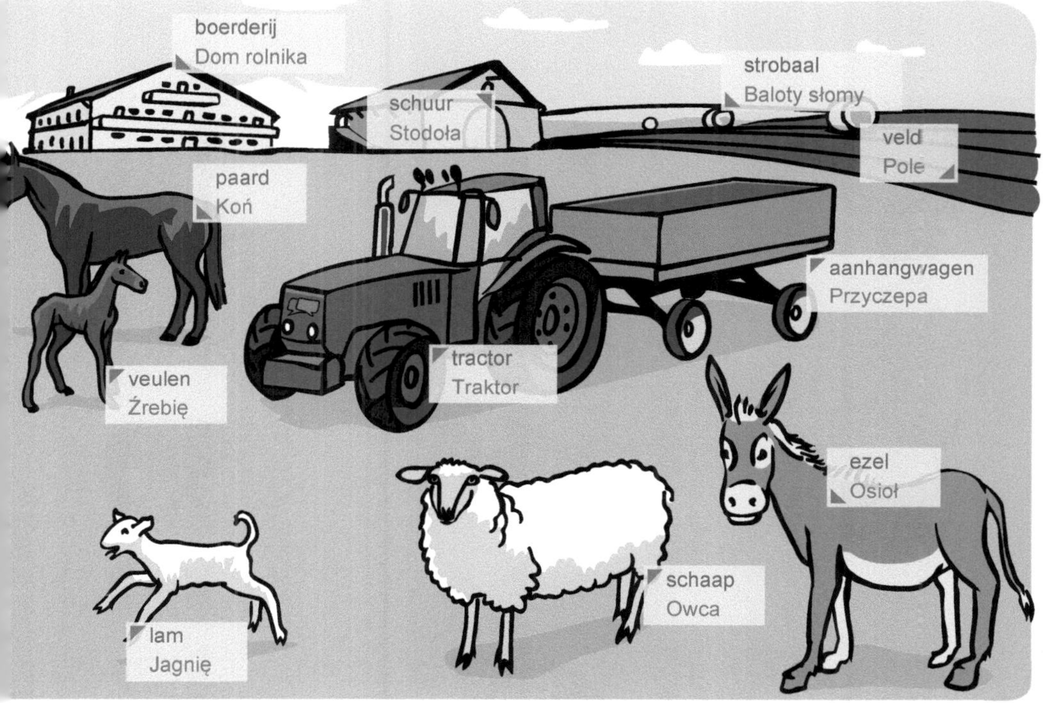
boerderij
Dom rolnika
schuur
Stodoła
strobaal
Baloty słomy
veld
Pole
paard
Koń
aanhangwagen
Przyczepa
veulen
Źrebię
tractor
Traktor
ezel
Osioł
schaap
Owca
lam
Jagnię

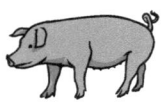

geit

Koza

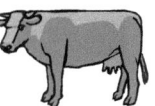

koe

Krowa

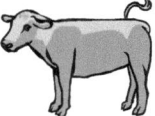

kalf

Cielę

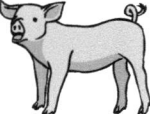

varken

Świnia

biggetje

Prosię

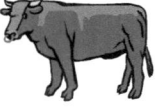

stier

Byk

gans

Gęś

eend

Kaczka

kuiken

Kurczątko

kip

Kura

haan

Kogut

rat

Szczur

kat

Kot

muis

Mysz

os

Osioł

hond

Pies

hondenhok

Buda dla psa

tuinslang

Wąż ogrodowy

gieter

Konewka

zeis

Kosa

ploeg

Pług

sikkel

Sierp

schoffel

Graca

hooivork

Widły

bijl

Siekiera

kruiwagen

Taczka

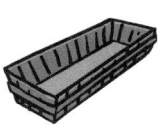

trog

Koryto

melkkan

Kanka na mleko

zak

Worek

hek

Płot

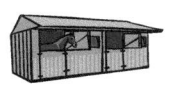

stal

Stajnia

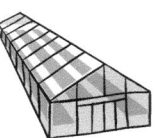

broeikas

Szklarnia

bodem

Ziemia

zaad

Nasiona

mest

Nawóz

maaidorser

Kombajn zbożowy

oogsten

zbierać

oogst

Żniwa

yam

Podchrzyn

tarwe

Pszenica

soja

Soja

aardappel

Ziemniak

maïs

Kukurydza

koolzaad

Rzepak

fruitboom

Drzewo owocowe

maniok

Maniok

graan

Zboże

huis
Dom

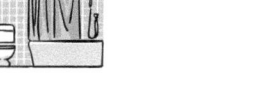

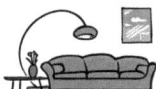

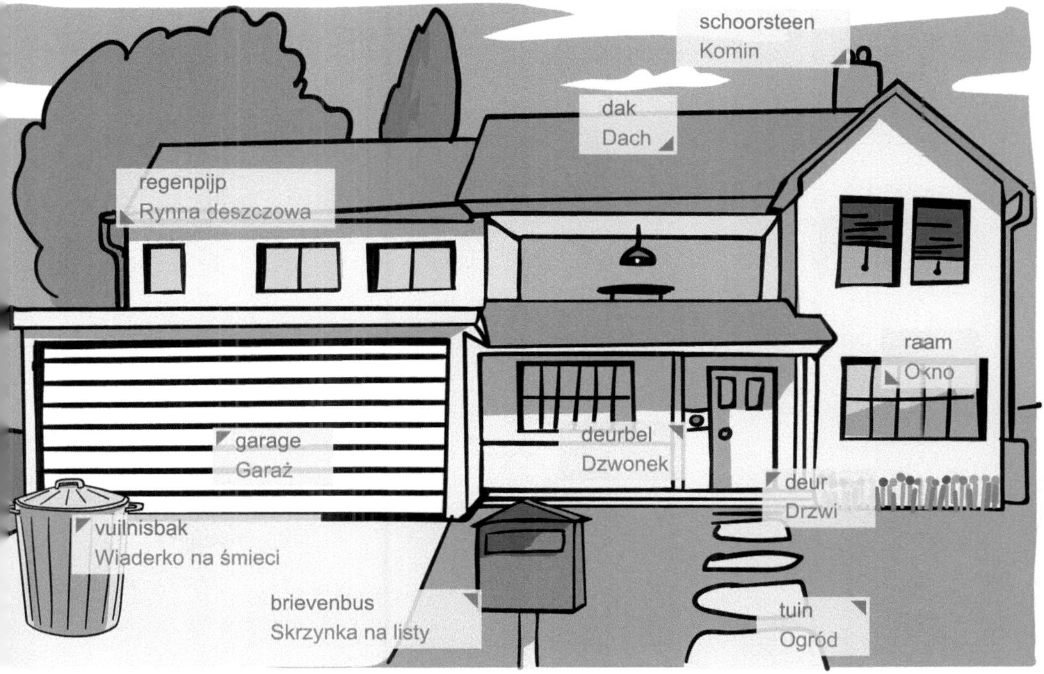
schoorsteen
Komin
dak
Dach
regenpijp
Rynna deszczowa
raam
Okno
garage
Garaż
deurbel
Dzwonek
deur
Drzwi
vuilnisbak
Wiaderko na śmieci
brievenbus
Skrzynka na listy
tuin
Ogród

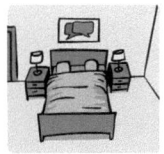

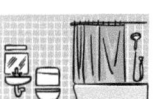

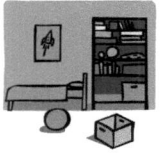

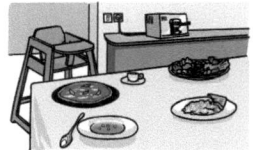

woonkamer

Pokój dzienny

badkamer

Łazienka

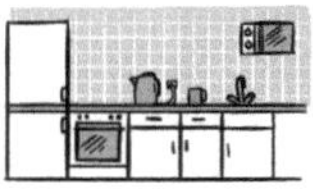

keuken

Kuchnia

slaapkamer

Sypialnia

kinderkamer

Pokój dziecięcy

eetkamer

Jadalnia

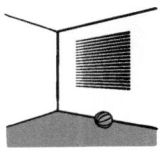

vloer

Ziemia

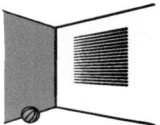

muur

Ściana

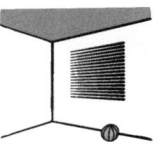

plafond

Koc

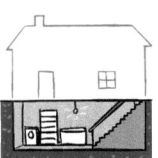

kelder

Piwnica

sauna

Sauna

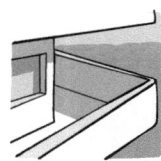

balkon

Balkon

terras

Taras

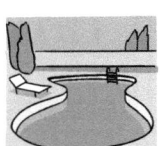

zwembad

Basen

grasmaaier

Kosiarka do trawy

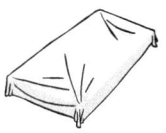

dekbedovertrek

Poszwa

dekbed

Kołdra

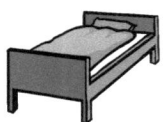

bed

Łóżko

bezem

Miotła

emmer

Wiadro

schakelaar

Włącznik

woonkamer
Pokój dzienny

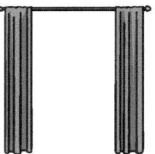

behangpapier
Tapeta
foto
Obraz
lamp
Lampa
schap
Regał
kast
Szafa
televisie
Telewizor
open haard
Komin
bloem
Kwiat
kussen
Poduszka
sofa
Kanapa
vaas
Wazon
afstandsbediening
Pilot

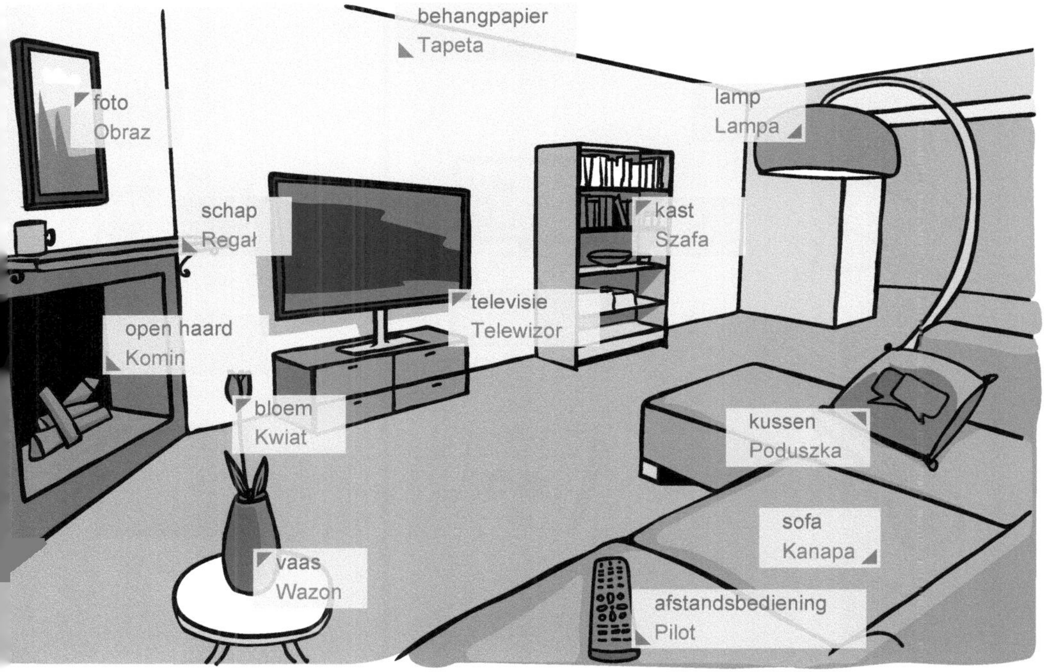

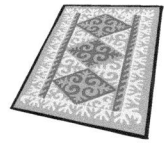

mat
Dywan

gordijn
Zasłona

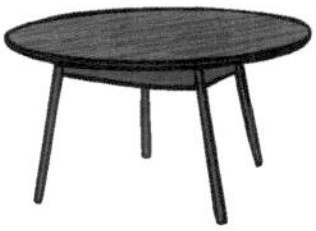

tafel
Stół

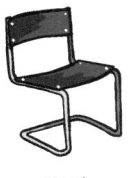

stoel
Krzesło

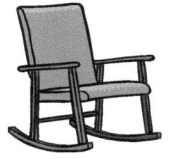

schommelstoel
Bujak

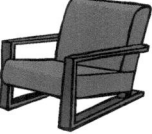

fauteuil
Fotel

boek

Książka

deken

Sufit

decoratie

Dekoracja

brandhout

Drewno kominkowe

film

Film

stereo-installatie

Instalacja stereo

sleutel

Klucz

krant

Gazeta

schilderij

Malunek

poster

Plakat

radio

Radio

notitieboekje

Notatnik

stofzuiger

Odkurzacz

cactus

Kaktus

kaars

Świeczka

keuken
Kuchnia

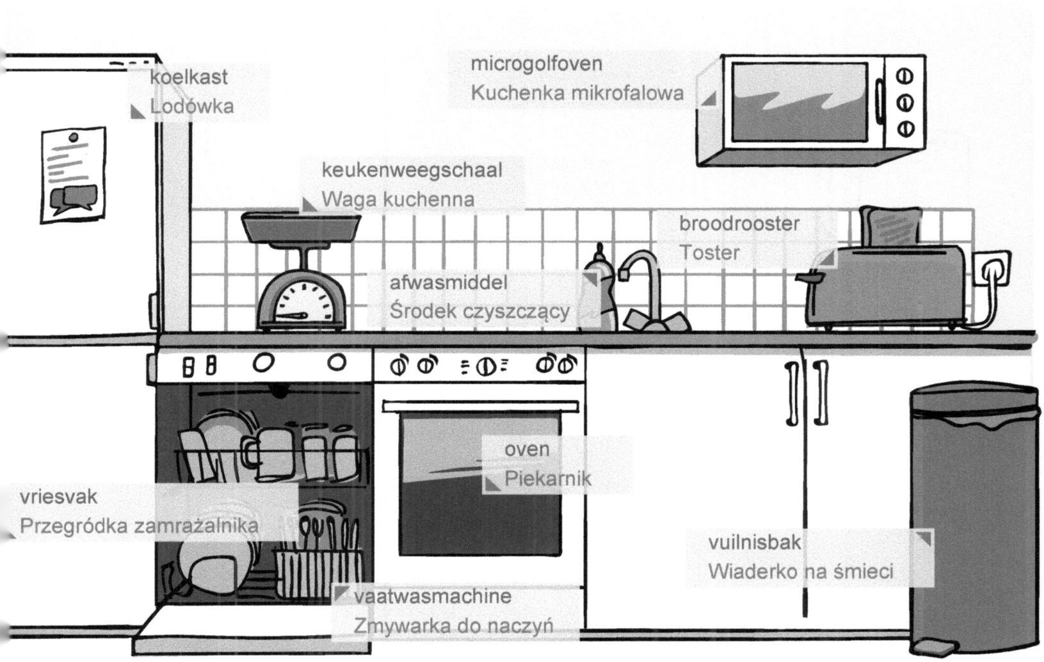
koelkast
Lodówka
microgolfoven
Kuchenka mikrofalowa
keukenweegschaal
Waga kuchenna
broodrooster
Toster
afwasmiddel
Środek czyszczący
oven
Piekarnik
vriesvak
Przegródka zamrażalnika
vuilnisbak
Wiaderko na śmieci
vaatwasmachine
Zmywarka do naczyń

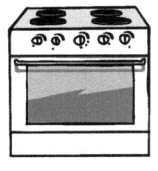

fornuis

Kuchenka

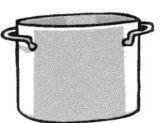

pot

Garnek

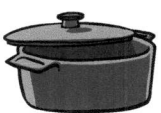

gietijzeren pot

Kocioł żeliwny

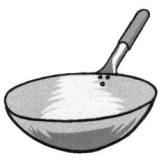

wok / kadai

Wok / Kadai

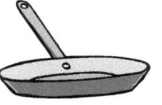

pan

Patelnia

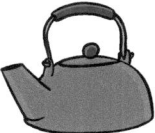

waterkoker

Czajnik

stoomkoker

Parowar

bakplaat

Blacha do pieczenia

servies

Naczynia kuchenne

mok

Kubek

kom

Miska

eetstokjes

Pałeczki

pollepel

Nabierka

spatel

Łopatka do smażenia

garde

Trzepaczka do śmietany

vergiet

Cedzak

zeef

Sitko

rasp

Tarka

mortier

Moździerz

barbecue

Grillowanie

haardvuur

Palenisko

snijplank

Deska

deegrol

Wałek do ciasta

kurkentrekker

Korkociąg

blik

Puszka

blikopener

Otwieracz do puszek

pannenlap

Ściereczka do trzymania garnka

gootsteen

Umywalka

borstel

Szczotka

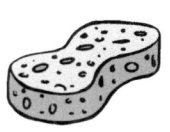

spons

Gąbka

blender

Mikser

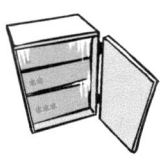

vriezer

Zamrażarka

papfles

Butelka dla niemowlęcia

kraan

Kran

badkamer
Łazienka

verwarming
Ogrzewanie
handdoek
Ręcznik
douche
Prysznic
douchegordijn
Kotara prysznicowa
bubbelbad
Płyn do kąpieli
badkuip
Wanna kąpielowa
glas
Szklanka
wasmachine
Pralka
kraan
Kran
tegels
Kafelki
kinderpo
Nocnik
gootsteen
Umywalka

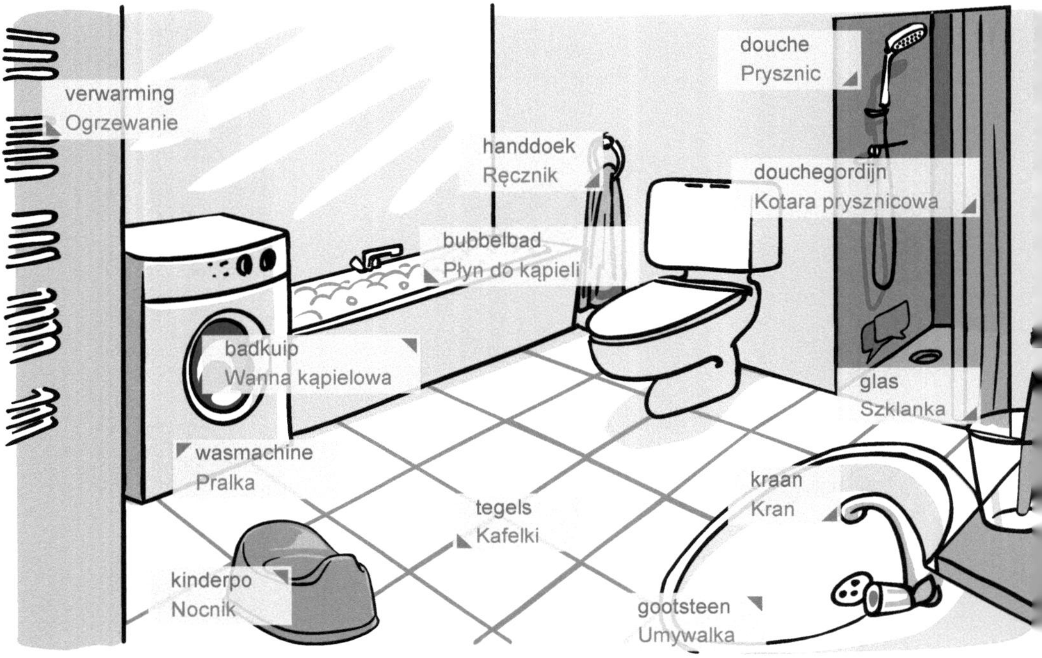

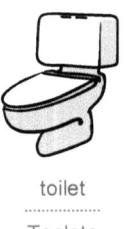

toilet

Toaleta

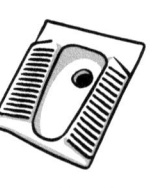

hurktoilet

Toaleta kuczna

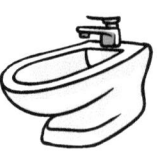

bidet

Bidet

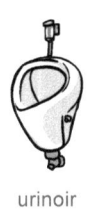

urinoir

Pisuar

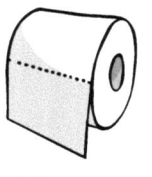

toiletpapier

Papier toaletowy

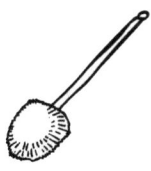

toiletborstel

Szczotka toaletowa

tandenborstel

Szczoteczka do zębów

tandpasta

Pasta do zębów

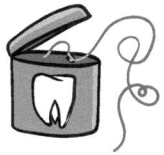

flosdraad

Nitki do czyszczenia zębów

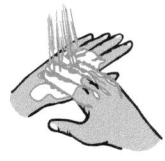

wassen

myć

handdouche

Głowica prysznicowa

bidethanddouche

Płyn kąpielowy do higieny intymnej

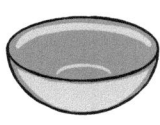

waskom

Miska do mycia

rugborstel

Szczotka kąpielowa

zeep

Mydło

douchegel

Żel prysznicowy

shampoo

Szampon

washandje

Rękawica kąpielowa

afvoer

Odpływ

crème

Krem

deodorant

Dezodorant

spiegel

Lustro

handspiegel

Lustro kosmetyczne

scheermes

Golarka

scheerschuim

Pianka do golenia

aftershave

Woda po goleniu

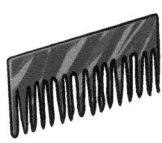

kam

Grzebień

borstel

Szczotka

haardroger

Suszarka do włosów

haarlak

Spray do włosów

make-up

Makijaż

lippenstift

Pomadka

nagellak

Lakier do paznokci

watten

Wata

nagelknipper

Nożyczki do paznokci

parfum

Perfum

toilettas

Kosmetyczka

kruk

Taboret

weegschaal

Waga

badjas

Szlafrok kąpielowy

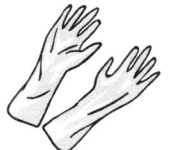

latex handschoenen

Rękawice gumowe

tampon

Tampon

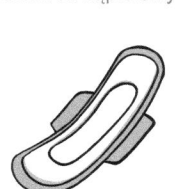

maandverband

Podpaska damska

chemisch toilet

Toaleta chemiczna

kinderkamer
Pokój dziecięcy

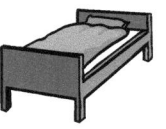

wekker
Budzik
knuffel
Pluszowa przytulanka
speelgoedauto
Samochodzik
rammelaar
Grzechotka
poppenhuis
Domek dla lalek
geschenk
Prezent

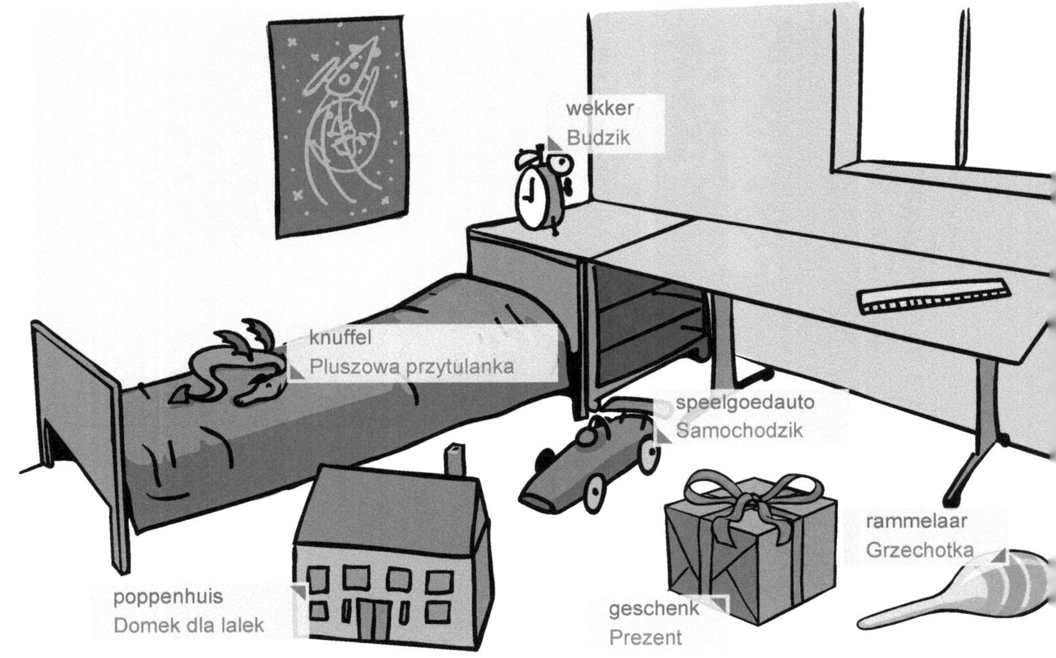

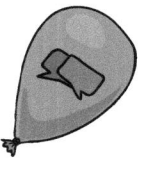

ballon

Balon

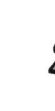

bed

Łóżko

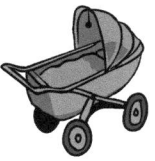

kinderwagen

Wózek dziecięcy

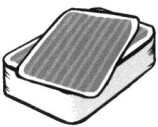

spel kaarten

Gra w karty

puzzel

Puzzle

SUPER MEGA

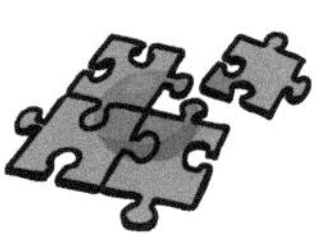

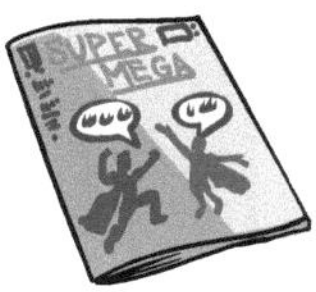

stripboek

Komiks

legoblokjes

Klocki lego

blokken

Klocki

actiefiguur

Action figura

kruippakje

Śpioszek dziecięcy

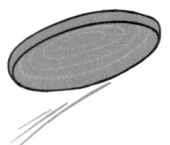

frisbee

Frisbee

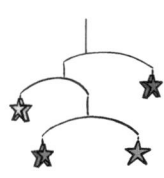

mobiel

Zabawki ruchome

bordspel

Gra planszowa

dobbelsteen

Kości

modelspoorweg

Kolejka elektryczna

fopspeen

Smoczek

feest

Przyjęcie

prentenboek

Książka z ilustracjami

bal

Piłka

pop

Lalka

spelen

bawić się

zandbak

Piaskownica

schommel

Huśtawka

speelgoed

Zabawki

spelconsole

Konsola do gier

driewieler

Rowerek trójkołowy

knuffelbeer

Pluszowy miś

kleerkast

Szafa ubraniowa

kleding
Ubiór

sokken

Skarpety

kousen

Pończochy

maillot

Rajstopy

sjaal
Szal

paraplu
Parasol

T-shirt
T-Shirt

riem
Pasek

laarzen
Kozaki

slippers
Pantofle domowe

sneakers
Obuwie sportowe

sandalen
Sandały

schoenen
Buty

rubberlaarzen
Kalosze

onderbroek
Majtki

beha
Biustonosz

onderhemd
Podkoszulek

lichaam

Body

broek

Spodnie

jeans

Dżins

rok

Spódnica

blouse

Bluzka

hemd

Koszula

trui

Pulower

capuchontrui

Bluza sportowa

blazer

Marynarka

jas

Kurtka

jas

Płaszcz

regenjas

Płaszcz przeciwdeszczowy

kostuum

Kostium

jurk

Sukienka

trouwjurk

Suknia ślubna

pak

Garnitur męski

nachthemd

Koszula nocna

pyjama

Piżama

sari

Sari

hoofddoek

Chusta na głowę

tulband

Turban

boerka

Burka

kaftan

Kaftan

abaya

Abaya

badpak

Strój kąpielowy

zwembroek

Kąpielówki

short

Krótkie spodnie

trainingspak

Dres sportowy

schort

Fartuch

handschoenen

Rękawiczki

knoop

Guzik

bril

Okulary

armband

Bransoletka

ketting

Łańcuszek

ring

Pierścionek

oorbel

Kolczyk

pet

Czapka

kapstok

Wieszak

hoed

Kapelusz

das

Krawat

rits

Zamek błyskawiczny

helm

Kask

bretellen

Szelki

schooluniform

Mundurek szkolny

uniform

Mundur

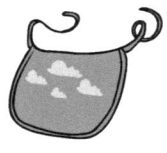

slabbetje

Śliniaczek

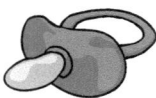

fopspeen

Smoczek

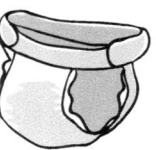

luier

Pieluszka

kantoor

Biuro

server
Serwer
dossierkast
Szafa na akta
papier
Papier
printer
Drukarka
monitor
Monitor
muis
Mysz
bureau
Biurko
map
Segregator
toestenbord
Klawiatura
papiermand
Kosz na odpadki
computer
Komputer
stoel
K-zesło

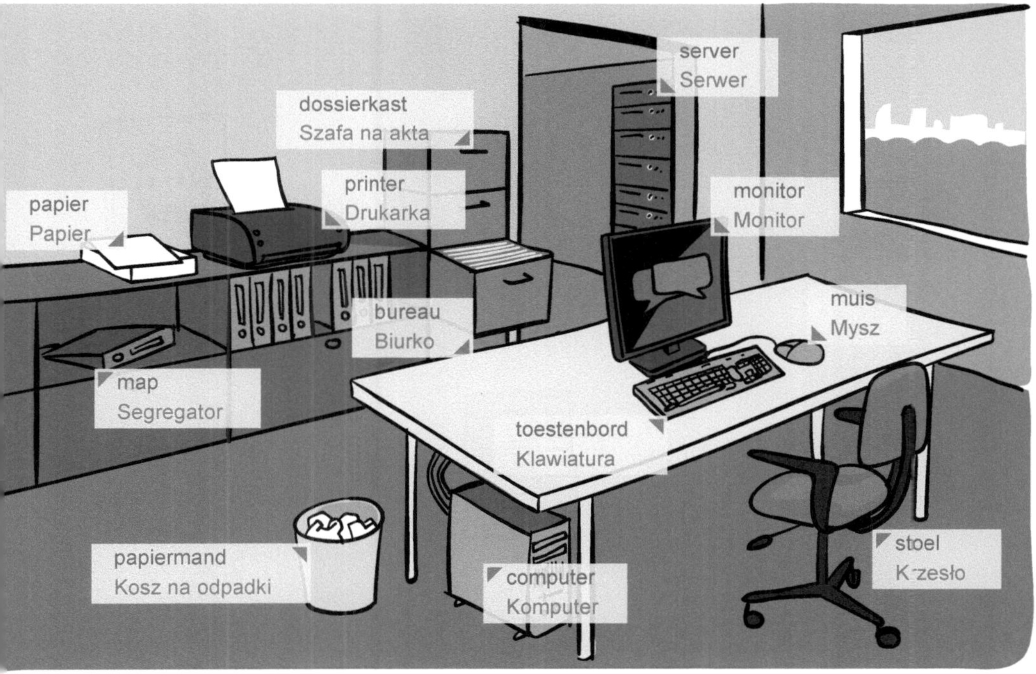

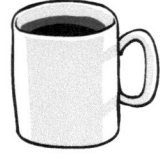

koffiemok

Filiżanka do kawy

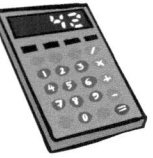

rekenmachine

Kalkulator

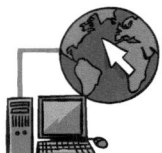

internet

Internet

laptop

Laptop

brief

List

bericht

Wiadomość

gsm

Komórka

netwerk

Sieć

kopieerapparaat

Kopiarka

software

Oprogramowanie

telefoon

Telefon

stopcontact

Gniazdko

fax

Faks

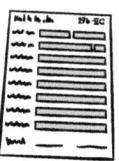

formulier

Formularz

document

Dokument

kopen

kupić

betalen

płacić

handelen

postępować

geld

Pieniądze

dollar

Dolar

euro

Euro

yen

Jen

roebel

Rubel

Zwitserse frank

Frank

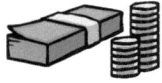

Chinese renminbi

Juan Renminbi

roepie

Rupia

geldautomaat

Bankomat

wisselkantoor

Kantor wymiany walut

goud

Złoto

zilver

Srebro

olie

Olej

energie

Energia

prijs

Cena

contract

Umowa

belasting

Podatek

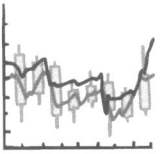

aandeel

Akcja

werken

pracować

werknemer

Pracownik umysłowy

werkgever

Pracodawca

fabriek

Fabryka

winkel

Sklep

beroepen
Zawody

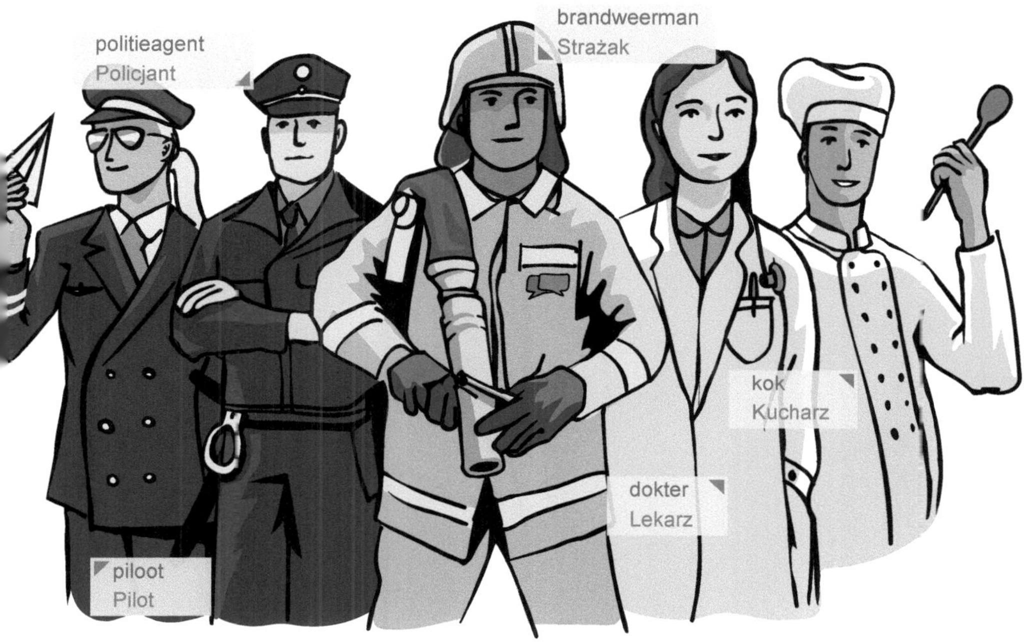
politieagent
Policjant
brandweerman
Strażak
kok
Kucharz
dokter
Lekarz
piloot
Pilot

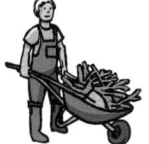

tuinman

Ogrodnik

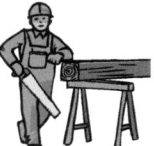

timmerman

Stolarz

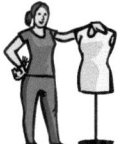

naaister

Krawcowa

rechter

Sędzia

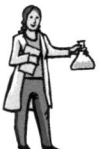

chemicus

Chemik

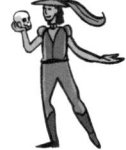

acteur

Aktor

buschauffeur

Kierowca autobusu

taxichauffeur

Taksówkarz

visser

Fischer

schoonmaakster

Sprzątaczka

dakdekker

Dekarz

ober

Kelner

jager

Myśliwy

schilder

Malarz

bakker

Piekarz

elektricien

Elektryk

bouwvakker

Robotnik budowlany

ingenieur

Inżynier

slager

Rzeźnik

loodgieter

Instalator

postbode

Listonosz

soldaat

Żołnierz

architect

Architekt

kassier

Kasjer

bloemist

Florysta

kapper

Fryzjer

conducteur

Konduktor

mecanicien

Mechanik

kapitein

Kapitan

tandarts

Dentysta

wetenschapper

Naukowiec

rabbijn

Rabin

imam

Imam

monnik

Mnich

geestelijke

Proboszcz

werktuigen
Narzędzia

tang
Szczypce
hamer
Młotek
schroevendraaier
Wkrętak
zaklamp
Latarka
schroefsleutel
Klucz do śrub

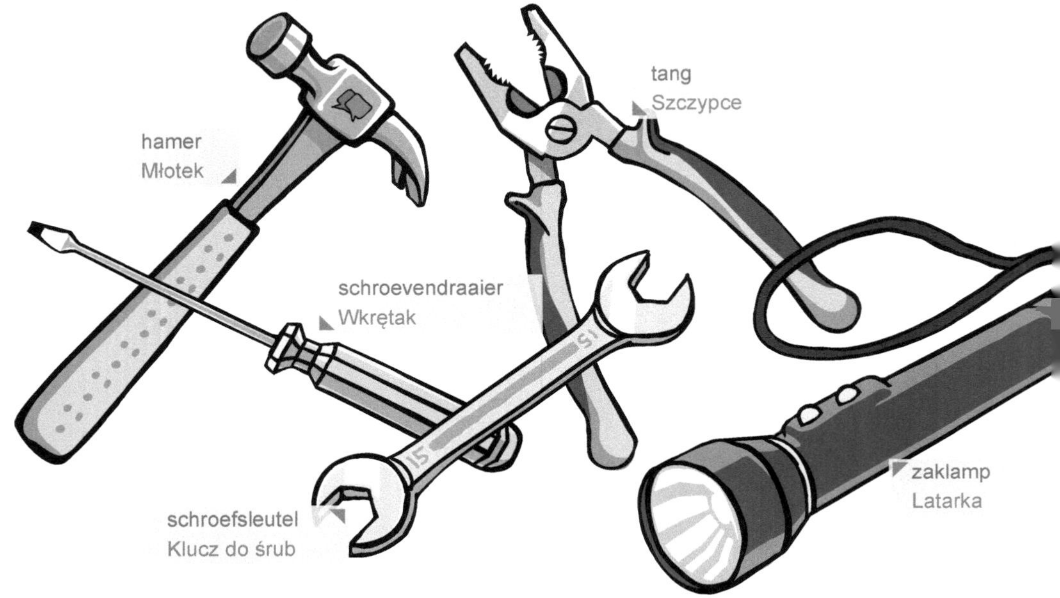

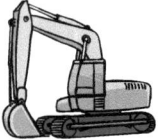

graafmachine
Koparka

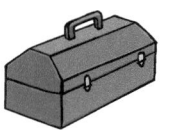

gereedschapskoffer
Skrzynka narzędziowa

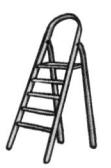

ladder
Drabina

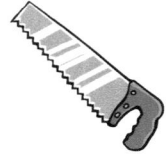

zaag
Piła

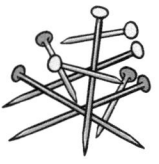

spijkers
Gwoździe

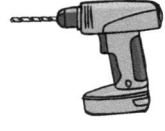

boormachine
Wiertło

repareren

naprawić

schop

Łopatka

Verdomme!

Cholera!

blik

Szufelka

verfpot

Puszka z farbą

schroeven

Śruby

muziekinstrumenten
Instrumenty muzyczne

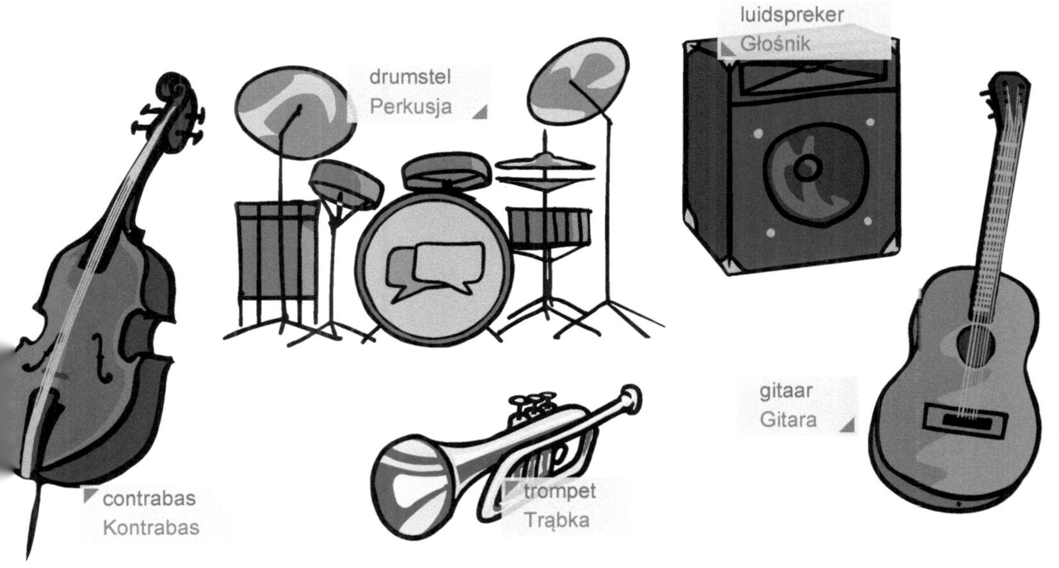

drumstel
Perkusja

luidspreker
Głośnik

gitaar
Gitara

contrabas
Kontrabas

trompet
Trąbka

piano
Pianino

viool
Skrzypce

basgitaar
Bas

pauk
Kotły

trommels
Bęben

keyboard
Keyboard

saxofoon
Saksofon

fluit
Flet

microfoon
Mikrofon

ingang
Wejście

tijger
Tygrys

kooi
Klatka

zebra
Zebra

diereneten
Pasza

panda
Panda

dieren
Zwierzęta

olifant
Słoń

kangoeroe
Kangur

neushoorn
Nosorożec

gorilla
Goryl

beer
Niedźwiedź

kameel

Wielbłąd

struisvogel

Struś

leeuw

Lew

aap

Małpa

flamingo

Fleming

papegaai

Papuga

ijsbeer

Niedźwiedź polarny

pinguïn

Pingwin

haai

Rekin

pauw

Paw

slang

Wąż

krokodil

Krokodyl

dierenverzorger

Dozorca w zoo

zeehond

Foka

jaguar

Jaguar

pony

Kucyk

luipaard

Gepard

nijlpaard

Hipopotam

giraffe

Żyrafa

adelaar

Orzeł

wild zwijn

Dzik

vis

Ryba

zeeschildpad

Żółw

walrus

Mors

vos

Lis

gazelle

Gazela

rugby
Futbol amerykański

wielrennen
Kolarstwo

tennis
Tenis

basketbal
Koszykówka

zwemmen
Pływanie

boksen
Boks

ijshockey
Hokej na lodzie

voetbal
Piłka nożna

badminton
Badminton

atletiek
Lekka atletyka

handbal
Piłka ręczna

skiën
Narciarstwo

polo
Polo

activiteiten
Działania

lachen
śmiać się
springen
skakać
knuffelen
objąć
wandelen
iść
zingen
śpiewać
dromen
marzyć
bidden
modlić się
kussen
całować

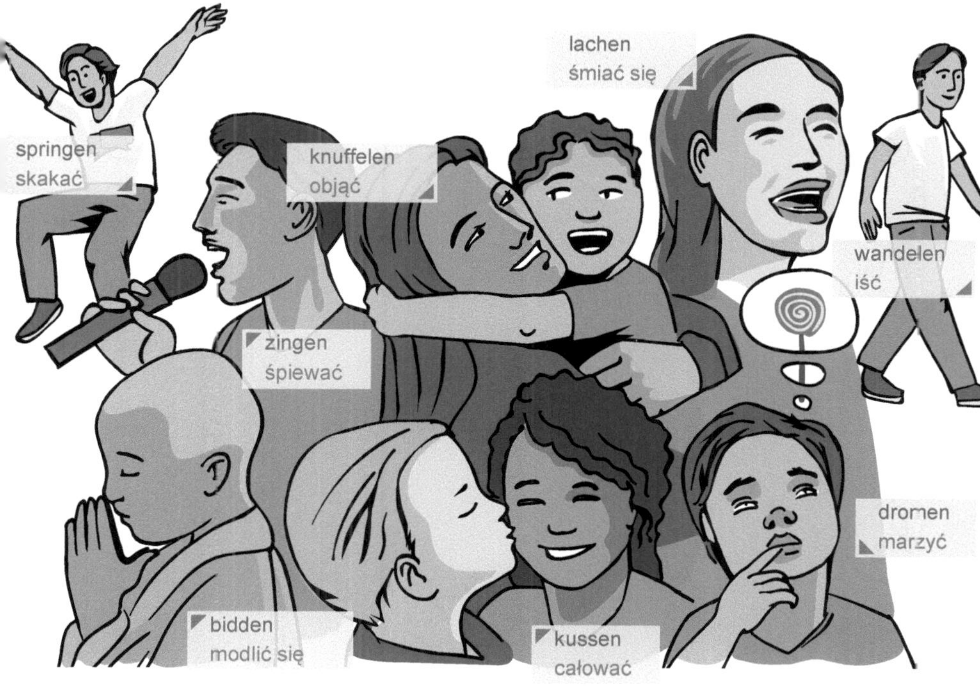

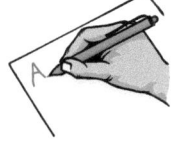

schrijven

pisać

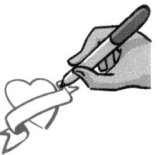

tekenen

rysować

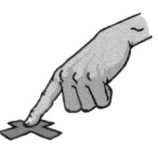

tonen

pokazywać

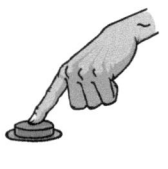

duwen

nacisnąć

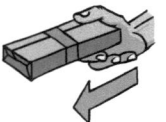

geven

dać

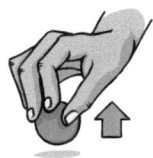

nemen

wziąć

hebben

mieć

doen

robić

zijn

być

staan

stać

lopen

biegać

trekken

ciągnąć

gooien

rzucać

vallen

spaść

liggen

leżeć

wachten

czekać

dragen

nosić

zitten

siedzieć

aankleden

zakładać

slapen

spać

ontwaken

budzić się

kijken naar

spojrzeć

wenen

płakać

aaien

głaskać

kammen

czesać się

praten

mówić

begrijpen

rozumieć

vragen

pytać

luisteren

słyszeć

drinken

pić

eten

jeść

opruimen

sprzątać

houden van

kochać

koken

gotować

rijden

jechać

vliegen

latać

zeilen

żeglować

rekenen

liczyć

Lezen

czytać

leren

uczyć się

werken

pracować

trouwen

wejść w związek małżeński

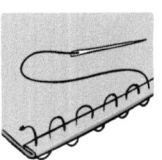

naaien

szyć

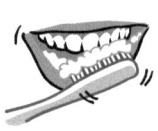

tandenpoetsen

myć zęby

doden

zabić

roken

palić tytoń

sturen

wysłać

familie
Rodzina

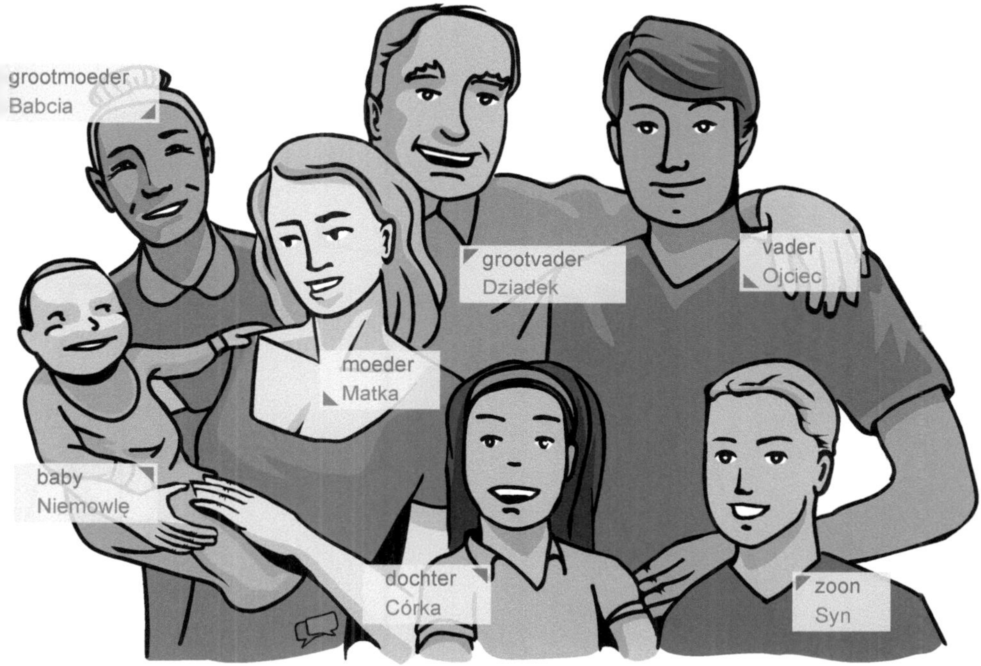
grootmoeder
Babcia
grootvader
Dziadek
vader
Ojciec
moeder
Matka
baby
Niemowlę
dochter
Córka
zoon
Syn

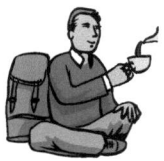

gast

Gość

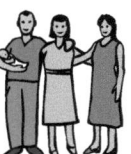

tante

Ciotka

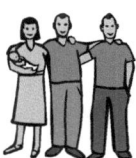

oom

Wujek

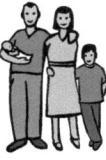

broer

Brat

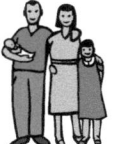

zus

Siostra

lichaam
Ciało

voorhoofd
Czoło
oog
Oko
schouder
Ramię
vinger
Palec
gezicht
Twarz
kin
Broda
hand
Ręka
been
Noga
borst
Pierś
arm
Ramię

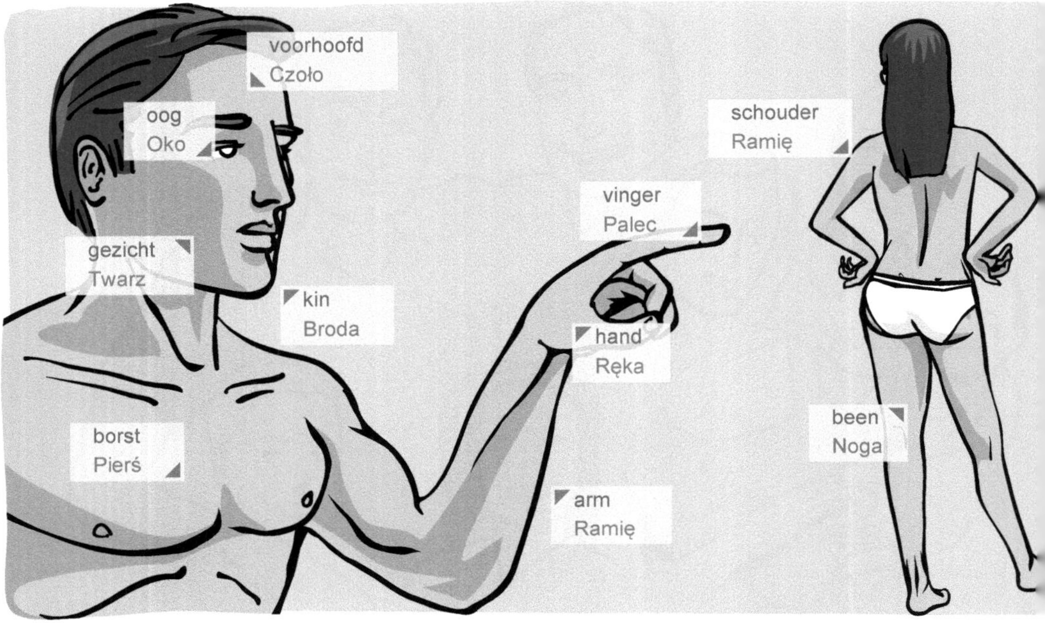

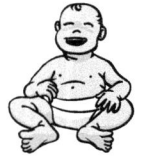

baby

Niemowlę

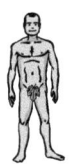

man

Mężczyzna

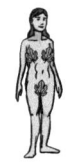

vrouw

Kobieta

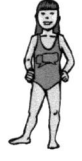

meisje

Dziewczyna

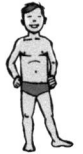

jongen

Chłopiec

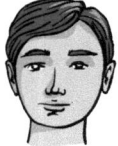

hoofd

Głowa

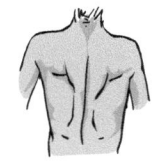

rug

Plecy

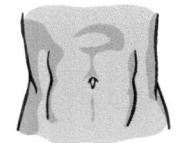

buik

Brzuch

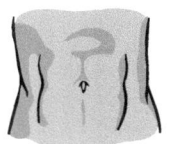

navel

Pępek

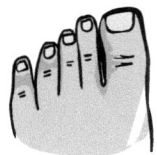

teen

palec nogi

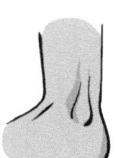

hiel

Pięta

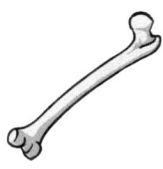

bot

Kość

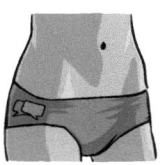

heup

Biodro

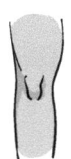

knie

Kolano

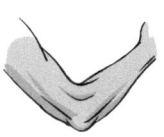

elleboog

Łokieć

neus

Nos

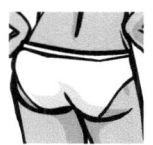

zitvlak

Pośladki

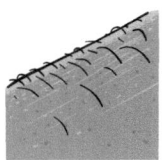

huid

Skóra

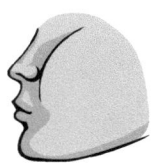

wang

Policzek

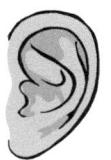

oor

Uszy

lip

Warga

mond

Usta

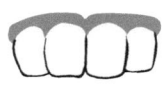

tand

Ząb

tong

Język

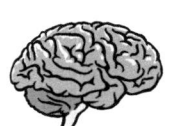

hersenen

Mózg

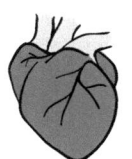

hart

Serce

spier

Mięsień

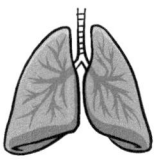

long

Płuca

lever

Wątroba

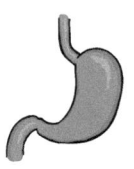

maag

Żołądek

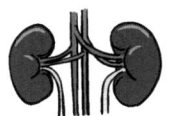

nieren

Nerki

seks

Stosunek płciowy

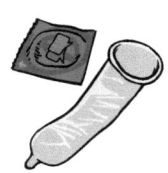

condoom

Kondom

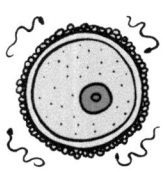

eicel

Komórka jajowa

sperma

Sperma

zwangerschap

Ciąża

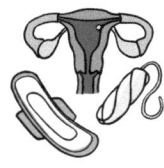

menstruatie

Menstruacja

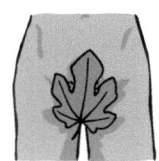

vagina

Wagina

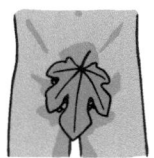

penis

Penis

wenkbrauw

Brew

haar

Włosy

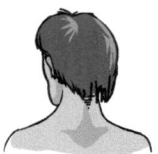

nek

Szyja

ziekenhuis
Szpital

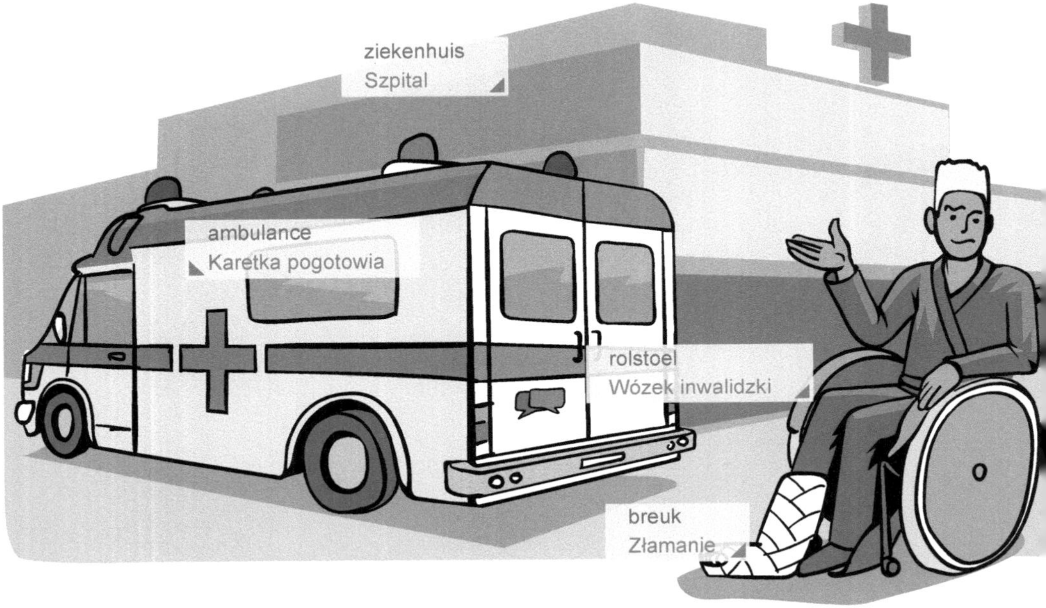

ziekenhuis
Szpital
ambulance
Karetka pogotowia
rolstoel
Wózek inwalidzki
breuk
Złamanie

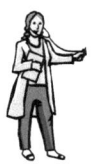

dokter
Lekarz

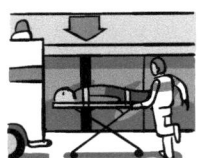

spoed
Izba przyjęć

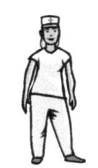

verpleegkundige
Pielęgniarka

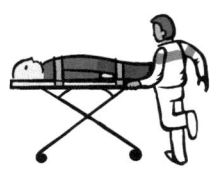

noodgeval
Nagły przypadek

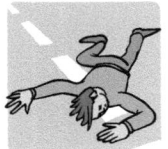

bewusteloos
nieprzytomny

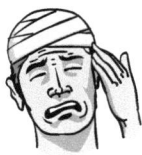

pijn
Ból

verwonding

Skaleczenie

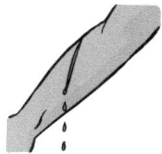

bloeding

Krwawienie

hartaanval

Zawał serca

beroerte

Udar mózgu

allergie

Alergia

hoest

Kaszleć

koorts

Gorączka

griep

Grypa

diarree

Biegunka

hoofdpijn

Ból głowy

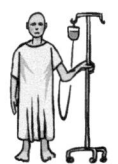

kanker

Rak

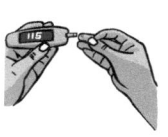

diabetes

Cukrzyca

chirurg

Chirurg

scalpel

Skalpel

operatie

Operacja

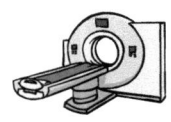

CT

CT

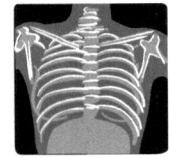

röntgenstraal

Rentgen

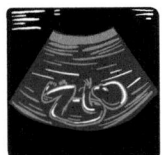

ultrageluid

Ultradźwięki

gezichtsmasker

Maska

ziekte

Choroba

wachtkamer

Poczekalnia

kruk

Kula

pleister

Plaster

verband

Opatrunek

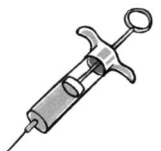

injectie

Iniekcja

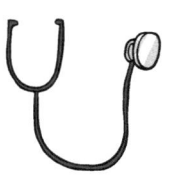

stethoscoop

Stetoskop

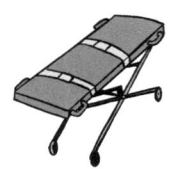

brancard

Nosze

thermometer

Termometr

geboorte

Poród

overgewicht

Nadwaga

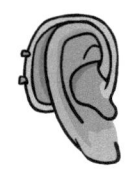

hoorapparaat

Aparat słuchowy

ontsmettingsmiddel

Środek dezynfekcyjny

infectie

Infekcja

virus

Wirus

HIV / AIDS

HIV / AIDS

medicijn

Medycyna

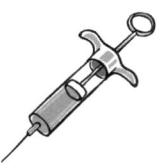

vaccinatie

Szczepienie

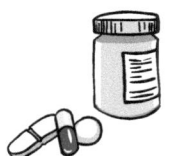

tabletten

Tabletki

pil

Pigułka

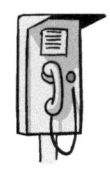

noodoproep

Telefon ratunkowy

bloeddrukmeter

Ciśnieniomierz krwi

ziek / gezond

chory / zdrowy

Help!
Pomocy!

alarm
Alarm

overval
Napad

aanval
Atak

gevaar
Niebezpieczeństwo

nooduitgang
Wyjście awaryjne

Brand!
Pożar!

brandblusser
Gaśnica

ongeval
Wypadek

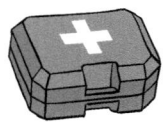

EHBO-kit
Walizeczka pierwszej pomocy

SOS
SOS

politie
Policja

Europa

Europa

Noord-Amerika

Ameryka Północna

Zuid-Amerika

Ameryka Południowa

Afrika

Afryka

Azië

Azja

Australië

Australia

Atlantische Oceaan

Atlantyk

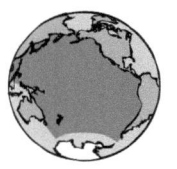

Stille Oceaan

Pacyfik

Indische Oceaan

Ocean Indyjski

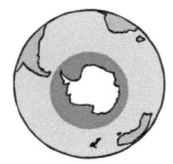

Antarctische Oceaan

Ocean Antarktyczny

Arctische Oceaan

Ocean Arktyczny

Noordpool

Biegun północny

Zuidpool

Biegun południowy

Antarctica

Antarktyda

aarde

Ziemia

land

Kraj

zee

Morze

eiland

Wyspa

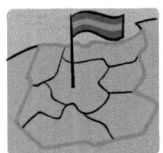

natie

Naród

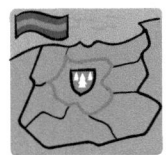

staat

Państwo

wijzerplaat

Cyferblat

uurwijzer

Wskazówka godzinowa

minuutwijzer

Wskazówka minutowa

secondewijzer

Wskazówka sekundowa

Hoe laat is het?

Która godzina?

dag

Dzień

tijd

Czas

nu

teraz

digitale horloge

Zegarek digitalny

minuut

Minuta

uur

Godzina

week

Tydzień

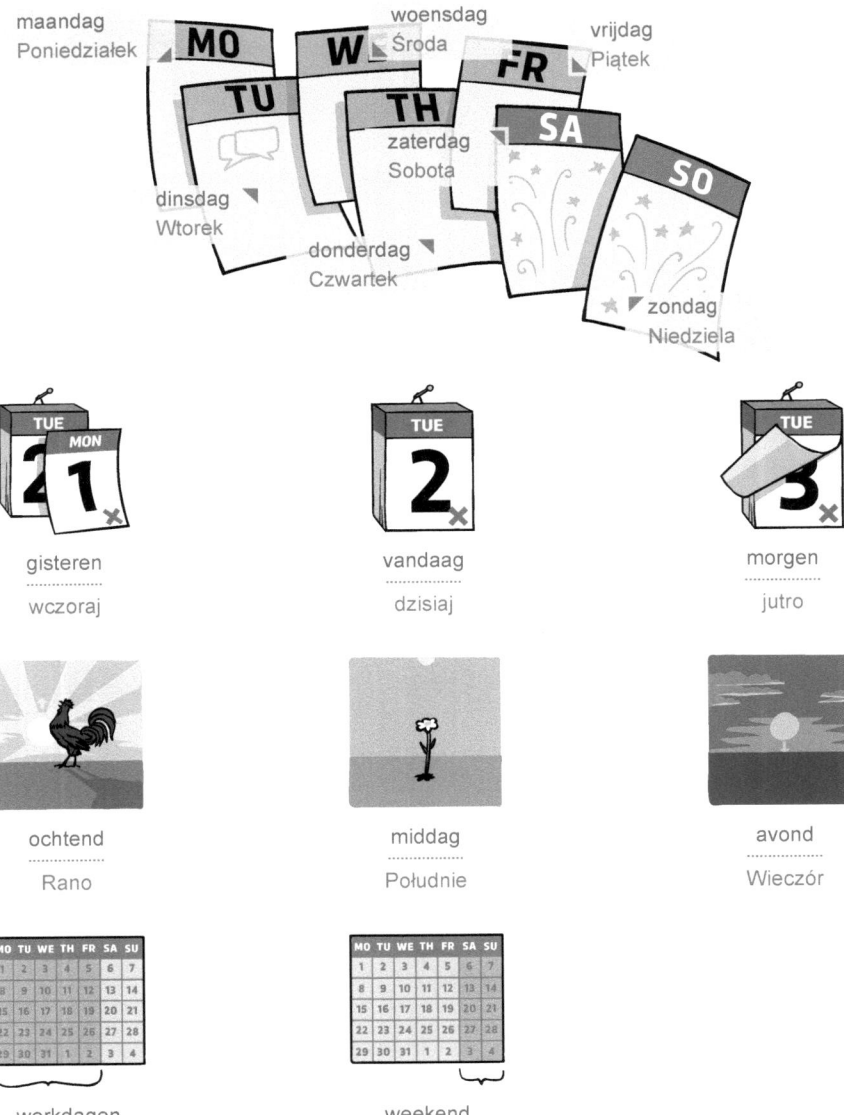

maandag
Poniedziałek

woensdag
Środa

vrijdag
Piątek

dinsdag
Wtorek

zaterdag
Sobota

donderdag
Czwartek

zondag
Niedziela

gisteren
wczoraj

vandaag
dzisiaj

morgen
jutro

ochtend
Rano

middag
Południe

avond
Wieczór

werkdagen
Dni robocze

weekend
Weekend

week - Tydzień

jaar
Rok

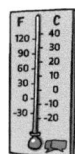

regen
Deszcz
regenboog
Tęcza
wind
Wiatr
sneeuw
Śnieg
lente
Wiosna
zomer
Lato
herfst
Jesień
winter
Zima

4.APRIL 11°
5.APRIL 4°
6.APRIL 13°
7.APRIL 8°
8.APRIL 10°

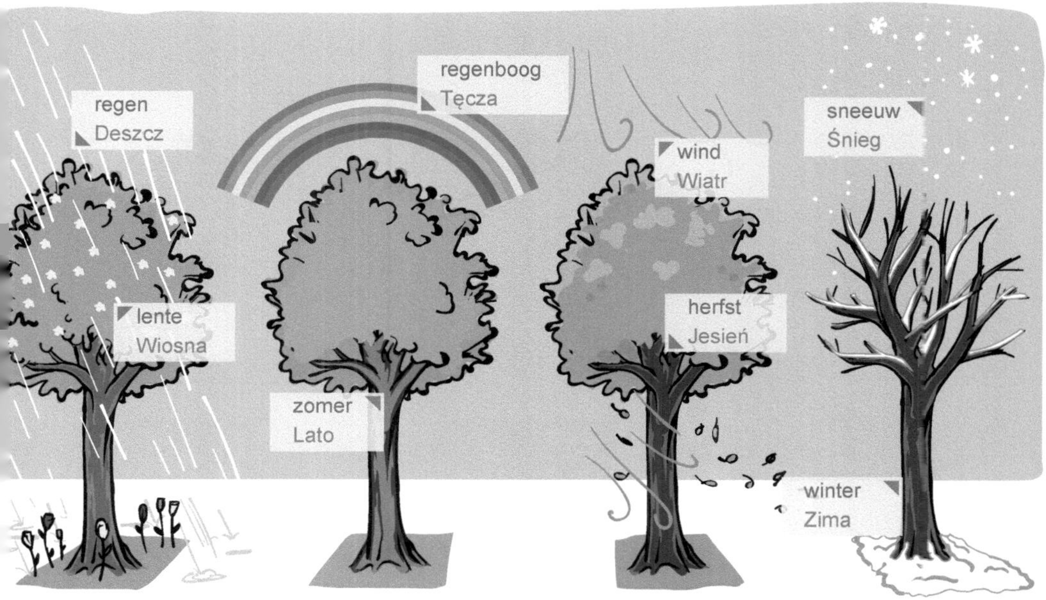

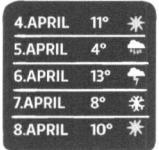

weervoorspelling

Prognoza pogody

F
C
120
90
60
30
0
-30
40
30
20
10
0
-10
-20

thermometer

Termometr

zonneschijn

Światło słoneczne

wolk

Chmura

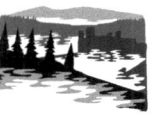

mist

Mgła

vochtigheid

Wilgotność powietrza

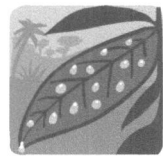

bliksem

Błyskawica

donder

Grzmot

storm

Sztorm

hagel

Grad

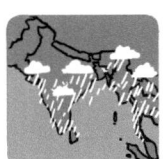

moesson

Monsun

overstroming

Potop

ijs

Lód

januari

Styczeń

februari

Luty

maart

Marzec

april

Kwiecień

mei

Maj

juni

Czerwiec

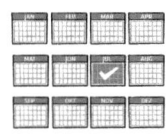

juli

Lipiec

augustus

Sierpień

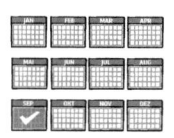

september
Wrzesień

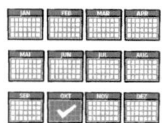

oktober
Październik

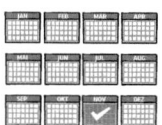

november
Listopad

december
Grudzień

vormen
Kształty

cirkel
Koło

kwadraat
Kwadrat

rechthoek
Prostokąt

driehoek
Trójkąt

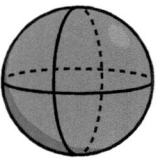

bol
Kula

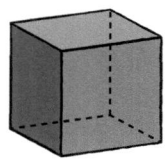

kubus
Sześcian

wit
biały

geel
żółty

oranje
pomarańczowy

roze
różowy

rood
czerwony

paars
liliowy

blauw
niebieski

groen
zielony

bruin
brązowy

grijs
szary

zwart
czarny

veel / weinig

dużo / mało

boos / kalm

wściekły / spokojny

mooi / lelijk

piękny / brzydki

begin / einde

początek / koniec

groot / klein

duży / mały

licht / donker

jasny / ciemny

broer / zus

brat / siostra

proper / vuil

czysty / brudny

volledig / onvolledig

kompletny / niekompletny

dag / nacht

dzień / noc

dood / levend

umarły / żywy

breed / smal

szeroki / wąski

eetbaar / oneetbaar

jadalny / niejadalny

kwaadaardig / vriendelijk

zły / uprzejmy

opgewonden / verveeld

podniecony / znudzony

dik / dun

gruby / chudy

eerst / laatst

najpierw / na końcu

vriend / vijand

przyjaciel / wróg

vol / leeg

pełen / pusty

hard / zacht

twardy / miękki

zwaar / licht

ciężki / lekki

honger / dorst

głód / pragnienie

ziek / gezond

chory / zdrowy

illegaal / legaal

nielegalny / legalny

intelligent / dom

inteligentny / głupi

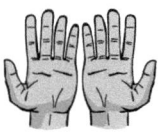

links / rechts

lewo / prawo

dichtbij / veraf

bliski / daleki

nieuw / gebruikt

nowy / używany

niets / iets

nic / coś

oud / jong

stary / młody

aan / uit

włącz / wyłącz

open / dicht

otwarty / zamknięty

stil / luid

cichy / głośny

rijk / arm

bogaty / biedny

juist / fout

prawidłowy / błędny

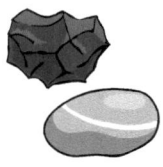

ruw / glad

chropowaty / gładk

droevig / blij

smutny / szczęśliwy

kort / lang

krótki / długi

traag / snel

powolny / szybki

nat / droog

mokry/suchy

warm / koud

ciepły / chłodny

oorlog / vrede

wojna / pokój

cijfers
Liczby

0
nul
zero

1
één
jeden

2
twee
dwa

3
drie
trzy

4
vier
cztery

5
vijf
pięć

6
zes
sześć

7
zeven
siedem

8
acht
osiem

9
negen
dziewięć

10
tien
dziesięć

11
elf
jedenaście

12

twaalf

dwanaście

13

dertien

trzynaście

14

veertien

czternaście

15

vijftien

piętnaście

16

zestien

szesnaście

17

zeventien

siedemnaście

18

achtien

osiemnaście

19

negentien

dziewiętnaście

20

twintig

dwadzieścia

100

honderd

sto

1.000

duizend

tysiąc

1.000.000

miljoen

milion

Engels

Angielski

Amerikaans Engels

Angielski amerykański

Chinees (Mandarijn)

Chiński mandaryński

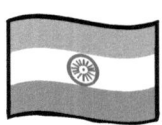

Hindi

Hindi

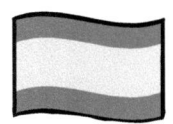

Spaans

Hiszpański

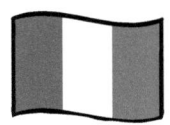

Frans

Francuski

Arabisch

Arabski

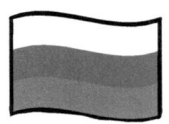

Russisch

Rosyjski

Portugees

Portugalski

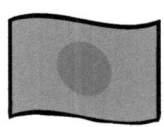

Bengali

Bengalski

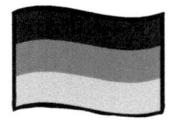

Duits

Niemiecki

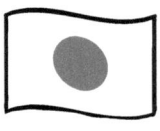

Japans

Japoński

ik

ja

u

ty

hij / zij / het

on / ona / ono

wij

my

u

wy

ze

oni

wie?

kto?

wat?

co?

hoe?

jak?

waar?

gdzie?

wanneer?

kiedy?

naam

Nazwisko

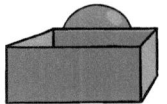

achter

za

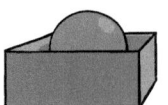

in

w

voor

przed

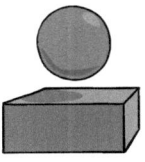

boven

powyżej

op

na

onder

pod

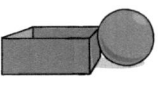

naast

obok

tussen

między

plaats

Miejsce